Mark Sarg

„Kreuzigen Sie sich!“

AF532319

Mark Sarg

„Kreuzigen Sie sich!“

Bizarre Kurzgeschichten

Goldene Rakete Verlag für Belletristik

Imprint

Any brand names and product names mentioned in this book are subject to trademark, brand or patent protection and are trademarks or registered trademarks of their respective holders. The use of brand names, product names, common names, trade names, product descriptions etc. even without a particular marking in this work is in no way to be construed to mean that such names may be regarded as unrestricted in respect of trademark and brand protection legislation and could thus be used by anyone.

Cover image: www.ingimage.com

Publisher:
Goldene Rakete Verlag für Belletristik
is a trademark of
Dodo Books Indian Ocean Ltd., member of the OmniScriptum S.R.L Publishing group
str. A.Russo 15, of. 61, Chisinau-2068, Republic of Moldova Europe
Printed at: see last page
ISBN: 978-620-0-52010-4

Copyright © Mark Sarg
Copyright © 2021 Dodo Books Indian Ocean Ltd., member of the OmniScriptum S.R.L Publishing group

INHALTSVERZEICHNIS

„VERGREIFEN SIE SICH!“

„Vergreifen Sie sich ruhig an mir, ich mag dies sehr ***gerne***!“, lud mit frivolem Augenaufschlag Mrs. Scarlett Hinterpudel den nicht unansehnlichen, ihr aber völlig fremden Mr. Lyndon Sommerzopf in einer einsamen Gasse ein.

Der jedoch war von ihrem Angebot dermaßen ***ergriffen***, dass er in Panik Reißaus nahm.

„VERGREIFEN SIE SICH NICHT!“

„Vergreifen Sie sich nicht im Tone!“, wies Lady Hazel Kriechhengst ihren Gemahl Lord Lackmus brüsk zurecht, der sie mit leicht laszivem Lächeln ermuntert hatte, ihm doch ins Schlafgemach zu folgen.

Denn Derartiges hatte er sich nicht einmal in der lange zurückliegenden ***Hochzeitsnacht*** herausgenommen!

„STOLPERN SIE!“

„Stolpern Sie ruhig weiterhin durchs Leben – irgendwann fange ich Sie schon gnädig auf!“, tröstete der Tod in einer nächtlichen Erscheinung Baron Grimaldo Stubenlaus – der ob seiner Ungeschicklichkeit im Dauerzwiste mit sich selber lag.

Ach wie gut, dass es auch ***diesen*** Erlöser gibt …

„STOLPERN SIE NICHT!“

„Stolpern Sie nicht, mein Bester!“, raunte fürsorglich, fast zärtlich ein geheimnisvoller Fremder Sir Archibald Waldfink im Vorübergehen ins Ohr und war ebenso rasch wieder verschwunden wie er aufgetaucht war.

Davon zeigte sich der Angesprochene dermaßen beeindruckt, dass er sein Vorhaben, einer politischen Partei mit mehr als merkwürdigen Ansichten beizutreten, augenblicklich ***aufgab*** und die Werbeveranstaltung verließ.

„TORPEDIEREN SIE SICH!“

„Torpedieren Sie sich, wo und wann immer Sie nur können! Dann haben Sie ***vielleicht*** die Chance, einigermaßen ***unbefleckt*** diese sündhafte Welt wieder zu verlassen!“

Soweit das stets mit dramatischer Verve vorgetragene ***Finale*** der berüchtigten Sonntagspredigten von Prälat Elsbetto Schauergeist.

Und man sollte es wahrlich nicht für möglich halten – aber selbst ***ohne*** ihn je auf der Kanzel vernommen zu haben, handelt eine nicht unbeträchtliche Zahl strenggläubiger Katholiken genau nach diesem „frommen“ Rezept!

„TORPEDIEREN SIE SICH NICHT!“

„Torpedieren Sie sich nicht andauernd selber, indem Sie sich geistig ein Bein stellen!“, unterwies Therapeut Ottilio Krenblatt seinen Klienten Signor Almerigo Buckelzopf.

Der doch tatsächlich bei jeder politischen Wahl ***immer aufs Neue*** glaubte, durch das Ankreuzen eines bestimmten Kandidaten endlich ***sein*** Seelenheil gefunden zu haben!

Sich damit aber freilich in „***allerbester***“ Gesellschaft befindet.

„TORPEDIEREN SIE MICH!“

„Torpedieren Sie mich nur weiter so. Irgendwann landen Sie deswegen noch vor ***Gericht***!“, drohte Mr. Talbot Freudlmaus Mrs. Lavinia.

Und damit er nicht zu ***lange*** warten musste, reichte sie schon am nächsten Morgen die Scheidungsklage ein.

„TORPEDIEREN SIE MICH NICHT!“

„Torpedieren Sie mich nicht, Mademoiselle!“, wies energisch Monsieur Baudouin Schmuckspatz Demoiselle Elise Schmatzkatz zurecht, die ihm im Supermarkt ständig mit ihrem Einkaufswagen im Wege stand.

Und noch bevor die beiden gemeinsam die Kasse erreichten, hatten sie einander auch schon die Ehe versprochen!

„ABONNIEREN SIE SICH!"

„Abonnieren Sie sich möglichst zeitgerecht selber, damit Sie sich bei Bedarf auch wirklich ***vollständig*** zur Verfügung haben!"

Nicht wenige würden über diesen vermeintlichen Ulk wohl lediglich die ***Nase*** rümpfen.

Nur um einige Zeit später mit Bedauern doch noch zu registrieren, dass sie in kritischen Situationen eben ***nicht*** auf ihr wahres Potential zurückgreifen können – weil sie ihr inneres Selbst allzu lange beharrlich ***vernachlässigt*** haben …

„ABONNIEREN SIE MICH!“

„Abonnieren Sie mich, dann können Sie auf mich zugreifen, wann immer es Ihnen beliebt!“, schlug Marchesa Luisella Knallgott dem ihr überaus zugetanen Grafen Loretto von Wühlmaus vor.

Warum sie jedoch diese ***Umschreibung*** wählte und nicht ***gleich*** von Ehe sprach?

Zermürbt von mehreren langwierigen Scheidungen, war sie gegen diese Institution ganz einfach ***allergisch*** geworden – wollte auf Zweisamkeit aber dennoch nicht verzichten.

„DURCHSCHAUEN SIE SICH!“

„Durchschauen Sie sich, Fräulein, dann ***brauchen*** Sie keinen Ehemann mehr!“

Soweit die Diagnose des Psychologen Trollino Lachgans gegenüber Signorina Clarissa Darmhirn, die überaus ***krampfhaft*** auf der Suche nach einer „besseren Hälfte“ gewesen war, was ihren Erfolg natürlich ständig vereitelte.

Und siehe da, nach einiger Zeit der konsequenten Selbstdurchleuchtung war die Beneidenswerte nun endlich um so vieles klüger – dass sie sich ***selber*** ehelichte!

„DURCHSCHAUEN SIE SICH NICHT!“

„Durchschauen Sie sich nur ***ja*** nicht, wenn Sie ***dumm*** sterben wollen. Spiegeln Sie sich stattdessen ruhig ***weiterhin*** alles Mögliche und Ungünstige vor!“

Man sollte wohl meinen, dass die „Empfehlung an die Allgemeinheit“ aus den Memoiren von Dr. Rinaldo Herkulesbart von ***niemandem*** ernst genommen und daher ***so*** verstanden wurde, wie sie natürlich gemeint war.

Und doch handeln die weitaus meisten Zeitgenossen noch ***heute*** genau diesem Rezepte folgend!

Würden dies aber vermutlich ***ebenso*** tun, wenn der Verfasser seine Anweisung ***ausdrücklich*** als sarkastisch etikettiert hätte …

„DURCHSCHAUEN SIE MICH!“

„Durchschauen Sie mich, Herr Doktor!“, begrüßte hoffnungsfroh Oberstudienrätin Hester Dampfkloss den Röntgenologen Cassandro Grillzwirn.

Der jedoch gottlob kürzlich eine Durchleuchtung ***anderer*** Art erfahren hatte und daher im Begriffe war, auf ***Ganzheitsmedizin*** umzusatteln – weshalb er seine Patientin anwies, all ihre Probleme Schritt für Schritt ***geistig*** zu lösen.

Was sie nach anfänglicher Schockstarre schließlich tatsächlich bewirkte – und somit ganz ohne Röntgenstrahlen alsbald völlig geheilt war.

„DURCHSCHAUEN SIE MICH NICHT!“

„Durchschauen Sie mich um Himmels willen nicht, Madame, sonst ist unsere ***Ehe*** möglicherweise am Ende!“, appellierte flehentlich Monsieur Trambeau Knallflott an Gattin Clorabelle.

Doch leider ***war*** zu diesem Zeitpunkt ihre Beziehung bereits so gut wie zu Ende.

DIE ERBÄRMLICHE KREATUR (2)

„Der Mensch kann ein im wahrsten Sinne erhabenes und ***göttliches*** Geschöpf sein oder aber eine durch und durch ***erbärmliche*** Kreatur. Weshalb dieser Sammelbegriff – wie so viele andere, speziell freilich jener von der ‚***Wissenschaft***' – leider völlig ***nichtssagend*** ist und daher auch nicht viel taugt!"

Schade nur, dass selbst ***diese*** treffliche Einsicht den Popularitätsgrad von Univ. Prof. Godifredo Kleinmuck nicht gerade steigern dürfte …

DAS ROYALE ROTZMENSCH

Ein Rotzmensch[1] sonnte sich selber so sehr in seinem „Glanze“, dass es sich fast schon für ***royal*** hielt.

Diese übersteigerte Selbsteinschätzung kam indes keineswegs von ungefähr. War es doch im vorhergehenden Leben tatsächlich König gewesen – und erlaubte sich nunmehr zum „Ausgleiche“, ganz auf Rotzmensch-Ebene zu fungieren.

Bis es dann in der ***darauffolgenden*** Existenz wiederum in Weisheit erkannte, dass zwischen diesen beiden Polen beileibe kein ***zwangsläufiger*** Unterschied bestehen muss …

---

[1] *Ungezogenes Mädchen, Göre*

DAS EINGESPERRTE ROTZMENSCH

Nachdem sie ihre Eltern Dagobert und Daisy Rüschenkraut als „noch ***weniger*** als Rotzmenscher, nämlich bloße ***Menscher***“ gescholten hatte, wurden der jungen Omlettina 2 Tage Stubenarrest von ihnen verordnet.

Aber schon in der ersten Nacht verhielt sie sich dermaßen „explosiv“ – dass sie sie lieber ***ganz*** hinauswarfen.

DAS FREI LAUFENDE ROTZMENSCH

„Dürfen Sie hier wirklich frei herumlaufen?“, erkundigte sich ein besorgter Passant bei der jungen Gaggina Wildbraut, die er auf Grund ihres seltsamen Gebarens für aus einer ***Anstalt*** entlaufen hielt.

Erst als sie ihm als Antwort ihre „schnittigsten“ Grimassen schnitt, wandte er sich beruhigt ab in der Gewissheit, es handle sich bloß um ein ganz gewöhnliches Rotzmensch.

DAS ERLAUCHTE ROTZMENSCH

Mademoiselle Hester Grasmück hielt sich selber für erlaucht – weil sie es aus eigener Kraft geschafft hatte, ihre unselige Rotzmensch-Periode ***hinter*** sich zu lassen und nur mehr Mensch zu sein.

Für alle jene freilich, die dies ***nicht*** zustande brachten, gestattete sie sich hin und wieder einen kleinen Rückfall und bezeichnete sie kurzerhand als „plemplem".

Womit sie aber vielleicht gar nicht unrecht hatte …

DAS LEICHTLEBIGE ROTZMENSCH

Man sollte wohl meinen, dass Rotzmenscher ***per se*** nur so in den Tag hinein leben und deshalb besonders leichtlebig sind.

Doch stimmt dies sicher bloß zum Teil, da sie unter der Bürde ihrer Marotten und Unmanieren auch selber oft erheblich leiden, was sie sich natürlich niemals eingestehen.

Im Falle von Miss Sally Wildkatz freilich darf man getrost von einer ***Ausnahme*** sprechen.

Sie lebte als Rotzmensch bis ins hohe Alter derart leicht und unbeschwert – dass sie es nicht mal ***merkte***, als sie gestorben war!

DAS MISSLUNGENE ROTZMENSCH

„Als Rotzmensch mag ich ja durchaus gescheitert sein – dafür gelang mir mein ***sonstiges*** Leben zuletzt immer besser!“, stellte Lady Rosalind Grillwurm nicht ohne gehörigen Stolz fest, als sie dieses in erheblichem Wohlstand beendet hatte.

Und nun sogar über einen stattlichen eigenen Sarg in bester und teuerster (Friedhofs-)Lage verfügte!

DAS IDEALE ROTZMENSCH

Eigentlich müsste Viscontessa Viorica Krautpudel in ihrer „Glanzzeit“ als Rotzmensch ja als schlichtweg ***ideal*** bezeichnet werden.

Hielt sie doch jedem einen geradezu perfekten ***Spiegel*** vor.

Aber da dies freilich auch für alle ***anderen*** Zeitgenossen gilt, wären diese folgerichtig ***ebenfalls*** als „ideal“ einzustufen …

DIMINUTION DER MUNITION

„***Diminuieren***[2] Sie Ihre Munition so lange beharrlich, bis sie ***gar*** ist!“

Nur weil bis heute nicht zweifelsfrei feststeht, von ***wem*** diese segensreiche Empfehlung an alle Nationen der Welt stammt – glaubt man allen Ernstes, das genaue ***Gegenteil*** tun zu müssen!

---

[2] *Verringern*

„VERTONEN SIE SICH!“

„Vertonen Sie sich doch ***selber***, Madame!“, tröstete der im Sterben liegende Marquis Grandval Sargwurm Gemahlin Cloris, als sie ihm klagte, nun niemanden mehr zu haben, der ihren komponierten Klängen lauschte.

Begeistert griff sie dieses auf – und gewann prompt den 1. Preis in der an Misstönen so ***reichen*** „Musik“-Landschaft.

„KOMPRIMIEREN SIE SICH!“

„Komprimieren Sie sich ein wenig, damit wir vielleicht doch noch ***gemeinsam*** im Bette Platz finden!“

Signora Fidelina Weinkropf dachte aber gar nicht daran, auf ihren stolzen Bierbauch zu verzichten und schlief daher weiterhin in einem anderen Zimmer.

Denn für die Ehe mit Gatte Immensio spielte dies ***wahrlich*** keine Rolle mehr …

„KOMPLETTIEREN SIE SICH!“

„***Komplettieren*** Sie sich tunlichst, ehe Sie das Haus verlassen!“ Wieder und wieder hatten Madame Denise und Monsieur Thierry Larifari dem kleinen Floribouche dies einzubläuen versucht.

Allein, es half nichts – er lief viel lieber ***nackt*** auf die Straße. Denn er betrachtete seinen Körper als ***gottgegeben*** und ***dachte*** daher gar nicht daran, ihn schamhaft zu verstecken.

Und – erntete damit bis ins hohe Alter viel Bewunderung, Applaus und großen Respekt!

In welcher ***beneidenswerten*** Welt sich dies wohl zugetragen haben mag?

„KOMPLIZIEREN SIE SICH!“

„***Komplizieren*** Sie sich ein wenig, ich langweile mich sonst noch zu ***Tode*** mit Ihnen!“, ermunterte die hochbetagte Comtesse Reblaus von Wirrzopf ihren Gemahl Hervé.

Der ihr daraufhin freudestrahlend enthüllte, dass er kürzlich ihre Erzfeindin und ***seine*** frühere Geliebte, Mademoiselle Florabelle Sperrfinger getroffen hätte – und nun zum versöhnlichen Lebensausklange eine ***Ménage-à-trois*** anstrebte.

Aber da traf sie erst recht der Schlag!

„KOMPILIEREN SIE SICH!“

„Kompilieren Sie sich gefälligst erst einmal ***selber***, ehe Sie eine derart hanebüchene und skandalöse Kompilation abliefern!“, rügte Prof. Gwandlaus Rümpfbein seinen Prüfling Animo Süffwein, der eine besonders schlampige (Abschreibe-)Arbeit „vollbracht“ hatte.

Immerhin zeigte der Gemaßregelte auf ***seine*** Weise Einsicht. Da er verständlicherweise nicht wusste, ***wie*** er sich kompilieren solle – änderte er einfach das Studienfach und wandte sich nun mit Verve der ***Schulmedizin*** zu.

Denn dort sind ja bekanntlich die ***abstrusesten***, bis zum ***Überdruss*** nachgeplapperten „Lehrmeinungen“ über die Entstehung von Krankheit nicht nur nicht verpönt, sondern bis heute ***salonfähig***!

„KOMPOSTIEREN SIE SICH!“

„Kompostieren sie sich gefälligst schon ***vorzeitig***! Ich will ***beileibe*** nicht warten, bis Sie erst dahingeschieden sind!“

Hierauf zog es Lord Leonid Stumpfbein verständlicherweise vor, lieber die ***Scheidung*** von Lady Georgina einzureichen.

„KONSUMIEREN SIE SICH!“

„Konsumieren Sie sich am besten ***selbst***, denn das schont ***wirksamst*** wertvolle Ressourcen!“

Einerseits ohnehin gewohnt, alles und jedes anstandslos zu befolgen, was ihm die Obrigkeit auferlegte, anderseits aber sich nicht zuletzt ***deswegen*** völlig wert***los*** dünkend, war Herr Quarksalino Nebelfrosch nur zu gern bereit, sich auch ***diesem*** Ansinnen vollinhaltlich zu verschreiben.

Da er freilich nicht herausfand, ***wie*** dies zu bewerkstelligen sei, und sich auch niemanden zu ***fragen*** traute, ***verhungerte*** er leider alsbald.

„Sowieso nicht schade um mich!“, seufzte er erleichtert hinterher. „Vielleicht habe ich im nächsten Leben etwas ***mehr*** Glück!“

DER ZÜCHTIGE SARG

Ein Sarg war so züchtig, dass er sich jedem Bewerber striktest ***verschlossen*** hielt. Er fürchtete einfach, irgendwie „verdorben“ zu werden von einem Einwohner.

Und als ihn die Aspirantin Baronesse Gorgolina Saubär schnippisch fragte, wozu er denn überhaupt ***gut*** sei, erwiderte er nur in bestimmtem, doch höflichem Tonfall: „Ganz sicher nicht, um von Herrschaften wie ***Ihnen*** verunreinigt zu werden, meine Gnädigste!“

Da ließ sie ihn außer sich stehen und suchte sich einen anderen.

DER UNZÜCHTIGE SARG

Ein Sarg in einer vollbesetzten Gruft genoss es ungemein, sich immer dann, wenn sich eine größere Anzahl von Besuchern ehrfürchtig versammelt hatte, abrupt zu ***öffnen***, um seinen Inhalt ganz ungeniert zur Schau zu stellen.

Überflüssig, zu erwähnen, dass die Leute bald nur noch ***seinetwegen*** erschienen.

DER LORD UND DER MORD

Ein hochangesehener Lord
verübte einen schaurigen Mord.

Doch niemand verlor darüber je ein Wort.
Denn er nahm alle Zeugen ***mit*** über Bord!

„NOMINIEREN SIE SICH!“

„Nominieren sie sich selber zum ‚Ehemann des Jahres‘ und ich ***ernenne*** Sie anschließend feierlich in aller Öffentlichkeit hierzu!“

Freudestrahlend und stolz willigte Hofrat Analetto Rotzmaus in das großzügige Angebot von Gattin Fidelina ein – und war erst ***hinterher*** zu einer wirklich ***fairen*** Scheidung bereit.

„DOMINIEREN SIE SICH!“

„Dominieren Sie sich, damit ***andere*** es nicht tun können!“, riet Psychiater Dr. Kleinspatz Dorfwohl Amtsrat Osmanius Katzenbuckl, der an allzu kläglichem Selbstwertgefühl laborierte.

Sich nicht mal ***ansatzweise*** hierzu imstande wähnend, ***heiratete*** er lieber stattdessen.

Und beklagte sich prompt in den folgenden Sitzungen, dass nunmehr Ehefrau ***Viorica*** begierig diese Rolle übernommen hätte!

„PROVOZIEREN SIE MICH!“

„Provozieren Sie mich ein wenig, damit etwas Abwechslung in unsere Ehe kommt!“

Kurz entschlossen stülpte Signora Elsbettina Salzfranz ihrem Gatten Analetto daraufhin den Nachttopf über den Kopf.

Zufrieden dankte er ihr – und legte sich schlafen.

„PROVOZIEREN SIE MICH NICHT!"

„Provozieren Sie mich nicht ständig!", bat händeringend Mr. Fitzgerald Wattegruß Sir Buffalo Blumenkuss, der immer wieder mal in aufreizender Manier vor seinem Laden herumstolzierte.

Worauf er endlich Einsehen zeigte, dem langen Drängen nachgab und ihn heiratete.

„PROVOZIEREN SIE SICH!"

„Provozieren Sie sich nur ordentlich – damit Sie einigermaßen über sich ***hinauswachsen***!"

Überaus animiert verließ Miss Thelma Regenstör die Sitzung bei der renommierten Astrologin Barbarina Senkfuß – und ging in ihrer Selbstprovokation sogar so weit, noch am selben Tage den stürmischen Avancen des ihr durchaus nicht geheuren Lord Beecham Küchenpudel stattzugeben und ihn zu ehelichen.

Über sich hinausgewachsen ist sie damit aber freilich ***nicht***.

Ganz im Gegenteil …

„PROVOZIEREN SIE SICH NICHT!“

„Provozieren Sie sich doch nicht selber, indem Sie bei jeder Konditorei stehen bleiben – wo Sie doch genau wissen, dass Ihnen Naschen strikt untersagt ist!“, redete Baron Gaston Lestocq Gattin Aimée leicht genervt ins Gewissen.

Da provozierte sie zur Abwechslung einmal ***ihn*** – indem sie abends seine heißbegehrten und kostbaren ***Zigarren*** auf Nimmerwiedersehen verräumte.

„TORKELN SIE!“

„Torkeln Sie hinaus und kehren Sie ***nie mehr wieder***!“, wies Frau Regula Treiblaus ihren Gatten Tortillio an, der wie so oft ***sternhagelvoll*** war.

Auf welch ***abenteuerliche*** und ***sinnlose*** Wünsche doch bloß manche Eheleute verfallen …

„TORKELN SIE NICHT!“

„Torkeln Sie nicht zu sehr – man könnte sonst meinen, Sie wären angeheitert!“, warnte scherzhaft Sekretär Aspiranto Buckelflott Señor Tartario Bierspatz, der soeben die Wahl zum Kanzler gewonnen hatte und ganz ***freude***trunken umherschwankte.

Einige Jährchen später freilich fragte er sich dann schon ernsthaft, ob er nicht ***tatsächlich*** besoffen gewesen war, sich als Kandidat überhaupt aufstellen zu lassen!

„KREUZIGEN SIE SICH!“

„Kreuzigen Sie sich, Monsieur!“, befahl Madame Pastelle Dorfblattl auf dem Höhepunkte eines Ehestreites Gemahl Silvère.

„Sie ***können*** mich kreuzweise!“, erwiderte er indes nur völlig trocken und ungerührt und entblößte augenblicklich sein Hinterteil.

Da kreuzigte ***sie ihn***.

So oder ähnlich dürfte wohl auch die biblische Schöpfungsgeschichte entstanden sein …

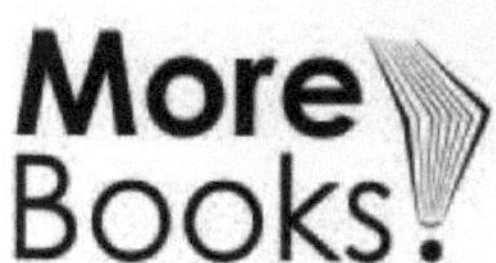

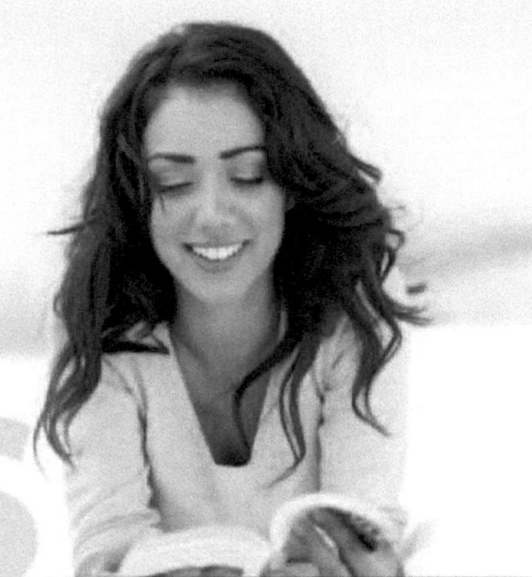

yes

I want morebooks!

Buy your books fast and straightforward online - at one of world's fastest growing online book stores! Environmentally sound due to Print-on-Demand technologies.

Buy your books online at
www.morebooks.shop

Kaufen Sie Ihre Bücher schnell und unkompliziert online – auf einer der am schnellsten wachsenden Buchhandelsplattformen weltweit! Dank Print-On-Demand umwelt- und ressourcenschonend produzi ert.

Bücher schneller online kaufen
www.morebooks.shop

KS OmniScriptum Publishing
Brivibas gatve 197
LV-1039 Riga, Latvia
Telefax: +371 686 204 55

info@omniscriptum.com
www.omniscriptum.com

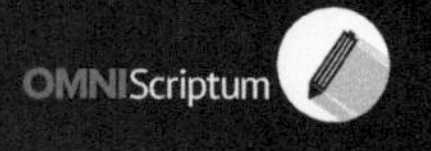

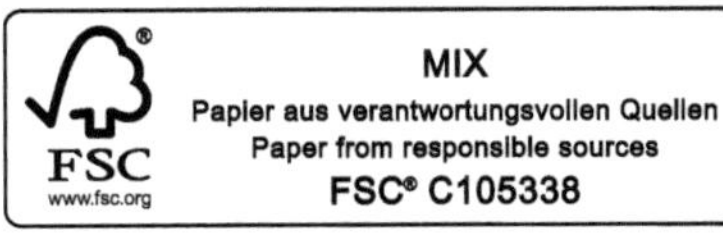

Printed by Books on Demand GmbH, Norderstedt / Germany